BEI GRIN MACHT SICH IHR
WISSEN BEZAHLT

- Wir veröffentlichen Ihre Hausarbeit,
  Bachelor- und Masterarbeit

- Ihr eigenes eBook und Buch -
  weltweit in allen wichtigen Shops

- Verdienen Sie an jedem Verkauf

Jetzt bei www.GRIN.com hochladen
und kostenlos publizieren

Anonym

Wir arbeiten an unseren Ich-Büchern

Handlungsorientierte Unterrichtsreihe zur Anbahnung eines positiven sozialen Selbstbildes (Klasse 1/2)

GRIN Verlag

Bibliografische Information der Deutschen Nationalbibliothek:

Die Deutsche Bibliothek verzeichnet diese Publikation in der Deutschen National-
bibliografie; detaillierte bibliografische Daten sind im Internet über http://dnb.d-
nb.de/ abrufbar.

Impressum:

Copyright © 2013 GRIN Verlag GmbH
Druck und Bindung: Books on Demand GmbH, Norderstedt Germany
ISBN: 978-3-656-72190-1

Dieses Buch bei GRIN:

http://www.grin.com/de/e-book/278729/wir-arbeiten-an-unseren-ich-buechern

GRIN - Your knowledge has value

Der GRIN Verlag publiziert seit 1998 wissenschaftliche Arbeiten von Studenten, Hochschullehrern und anderen Akademikern als eBook und gedrucktes Buch. Die Verlagswebsite www.grin.com ist die ideale Plattform zur Veröffentlichung von Hausarbeiten, Abschlussarbeiten, wissenschaftlichen Aufsätzen, Dissertationen und Fachbüchern.

Besuchen Sie uns im Internet:

http://www.grin.com/

http://www.facebook.com/grincom

http://www.twitter.com/grin_com

1 Unterrichtsreihe

1.1 Thema und Ziel der Unterrichtsreihe

„Ich – du – wir" – Eine handlungsorientierte Unterrichtsreihe zur Anbahnung eines positiven sozialen Selbstbildes, zum gegenseitigen Kennenlernen sowie zur Entwicklung eines Zusammengehörigkeitsgefühls.

1.2 Aufbau der Unterrichtsreihe

	Datum / Zeit	Inhalt / Ziel
1.2.1	27.09.2013 45 min	**So sehe ich aus –** Zum emotionalen Einstieg in das Thema lernen die Schülerinnen und Schüler das Bilderbuch „Das kleine Ich bin Ich" kennen und sammeln individuelle äußerliche Merkmale des kleinen 'Ich bin Ichs'. Anschließend werden eigene individuelle körperliche Merkmale verbalisiert und in Form eines Ich-Bildes gemalt, um die Selbstwahrnehmung zu sensibilisieren und die Individualität des Aussehens eines jeden Menschen zu erkennen.
1.2.2	01.10.2013 30 min	**Was möchtest du gerne von den anderen Kindern wissen –** Im kooperativen Austausch entwickeln die Kinder Fragen, um sich untereinander besser kennenzulernen. Hierdurch sollen die individuellen Interessen und Wünsche der Kinder ermittelt und für die inhaltliche Planung des Ich-Buches berücksichtigt werden.
1.2.3	04.10.2013 45 min	**So arbeiten wir an unseren Ich-Büchern –** Klärung des Begriffs durch Vorstellung eines exemplarischen Ich-Buches des Klassentieres 'Konstantin' zur Transparenz des Themas sowie zum Kennenlernen der verschiedenen Aufgaben der Lerntheke, um die strukturellen und inhaltlichen Voraussetzungen für die selbstständige Arbeit an den Ich-Büchern zu schaffen.
1.2.4	08.10.2013 – 15.10.2013 3-4*45min	**Wir arbeiten an unseren Ich-Büchern –** Die Schülerinnen und Schüler nehmen eigene Bedürfnisse, Gefühle und Interessen wahr, indem sie an den verschiedenen Aufgaben der Lerntheke arbeiten, ihre Arbeitsergebnisse in Form eines Ich-Buches sammeln und dieses anschließend ihren Mitschülern vorstellen, um sich untereinander besser kennenzulernen.
1.2.5	18.10.2013 45 min	**Wir sind die Drachenklasse –** Die Schülerinnen und Schüler erkennen, dass die individuellen Fähigkeiten jedes einzelnen Kindes die Klassengemeinschaft bereichern, indem gemeinsam ein Klassenplakat 'Wir sind die Drachenklasse' gestaltet wird, auf dem die individuellen Stärken der einzelnen Kinder festgehalten werden.

2 Fachwissenschaftliche und fachdidaktische Überlegungen zum eingegrenzten Thema der Unterrichtsstunde

2.1 Bereich des Faches mit dem Schwerpunkt lt. Lehrplan

Bereich des Faches: „Mensch und Gemeinschaft"[1]

Schwerpunkt: „Zusammenleben in der Klasse, in der Schule und in der Familie"[2]

2.2 Fachwissenschaftliche Analyse des ausgewählten Themas /des ausgewählten Lerninhaltes

Das „institutionalisierte Lernen im Anfangsunterricht [sollte] an der Lerngeschichte der Kinder und ihrer Ausgangsbedingungen anknüpfen."[3] Innerhalb der ersten Schulwochen spielt insbesondere das **soziale Lernen** und die **Selbst-Erfahrung** eine besonders wichtige Rolle, denn die Kinder gewinnen etliche neue, spannende aber vielleicht auch beängstigende Eindrücke, welche es zu verarbeiten gilt. In dieser Phase sollten die Kinder unterstützt werden „ein Bewusstsein für ihre eigene Persönlichkeit, ihre Wünsche, Stärken, Fähigkeiten, Werte sowie über ihre Verantwortung und Stellung im sozialen Miteinander zu entwickeln."[4] Peter Herdegen verweist im Bereich des sozialen Lernens auf die Notwendigkeit von kommunikativen und emphatischen Fähigkeiten. Kinder müssen lernen „ihr Bild von sich selbst den anderen präsentieren zu können"[5] und „Interessen am anderen zu entwickeln"[6].

Die Erstellung eines **Ich-Buches**, „das mehr ist als ein reines Lerntagebuch"[7], fördert die bewusste Selbstwahrnehmung.

> „Das Ich Buch dokumentiert nicht nur Lernfortschritte und -Ergebnisse, sondern auch Fähigkeiten jenseits der schulischen Anforderungen. Dazu zählen zum Beispiel Fragen zur eigenen Person und zur Herkunft, Hobbys, persönliche Interessen sowie Aspekte des sozialen Miteinanders."[8]

Die methodische Umsetzung der Erstellung eines Ich-Buches wird in Form einer Lerntheke umgesetzt. Exemplarisch wird folgend auf die Aufgabe 'meine Familie' (Malen der eigenen Familie) genauer eingegangen. Hinter dem Begriff 'Familie' verbergen sich heutzutage die

---

[1] Ministerium für Schule und Weiterbildung: *Richtlinien und Lehrpläne für die Grundschule in Nordrhein Westfalen,* Düsseldorf: Ritterbach Verlag 2012, S.47, gefunden unter: <http://www.standardsicherung.schulministerium.nrw.de/lehrplaene/upload/klp_gs/LP_GS_2008.pdf> (28.09.2013).
[2] Ebd.
[3] Gläser, Eva: „Sachunterricht in Klasse 1", in: Kiper, Hanna/Nauck, Joachim: *Unterrichten im ersten Schuljahr,* Hohengehren: Schneider Verlag 1999, S. 96-115, hier S. 104.
[4] Stelzer, Nadine: „Neue Unterrichtsidee für die Grundschule. Das Ich-Buch – Erste Schritte zum biografischen Arbeiten", gefunden unter: <http://bildungsklick.de/pm/83778/neue-unterrichtsidee-fuer-die-grundschule-das-ich-buch-erste-schritte-zum-biografischen-arbeiten/> (03.10.2013).
[5] Herdegen, Peter: *Soziales Lernen in der Grundschule,* Donauwörth: Auer Verlag 1999, S. 22.
[6] Ebd.
[7] Stelzer, Nadine: „Das Ich-Buch – Erste Schritte zum biografischen Arbeiten", a.a.O.
[8] Ebd.

unterschiedlichsten Familienkonstellationen. „Hierunter fällt die traditionelle Kleinfamilie ebenso wie die alleinerziehende Mutter oder das gleichgeschlechtliche Ehepaar. Nicht zu vergessen sind natürlich auch die Patchworkfamilien, nichteheliche Lebensgemeinschaften,"[9] Pflegefamilien und Familien mit Adoptivkindern. Der Begriff Familie wird selbst im Recht nicht eindeutig definiert.[10] In der sozialwissenschaftlichen Familienforschung ist von der „zusammenlebenden Gemeinschaft von Verwandet die Rede oder – noch allgemeiner – von einer Gemeinschaft, die durch Merkmale der Generationsdifferenz gekennzeichnet ist."[11] Diese Pluralität von Familienformen ist auf gesellschaftliche Veränderungsprozesse zurückzuführen. Kinder besitzen höchst unterschiedliche Vorstellungen und Präkonzepte von Familie. Stellt man ihnen die Frage, was für sie Familie bedeutet, sind die Antworten so unterschiedlich wie die Kinder selbst.[12] „Für manche gehört der Hund dazu, manche können sich auch vorstellen, dass zwei Mütter mit ihren Kindern oder aber ein Elternteil mit seinen Kindern eine Familie bildet."[13] Dieses Wissen, Orientierungen und Einstellungen resultieren weitgehend aus Erfahrungen, „die die Kinder zuhause oder in ihrem Umfeld machen."[14] Der Sachunterricht sollte dazu beitragen, „dass durch neue Informationen und Erweiterungen des kindlichen Erfahrungsspektrums die Weiterentwicklung des kindlichen Präkonzepte befördert wird."[15] Auf diese Weise kann der Unterricht zur Identitätsentwicklung beitragen, „Vorurteile abbauen und Toleranz gegenüber den verschiedenen Familienformen anbahnen."[16]

2.3 Didaktische Reduktion

In den ausgewählten Aufgaben der Lerntheke geht es vorrangig um die handlungsorientierte und gestalterische Auseinandersetzung mit der eigenen Persönlichkeit und weniger um die inhaltliche Vertiefung der einzelnen Themen. Beispielsweise wird bei der Aufgabe „Meine Familie" nicht erwartet, dass der Lernende sich deklaratives Wissen, also Wissen über den genauen Sachverhalt aneignet (z.B. Was ist ein Onkel? Eine Tante), vielmehr soll sich dieser über die eigene und über die Familienzusammensetzung von anderen Lernenden der Klasse bewusst werden.

---

[9] Jauer, Kerstin: *Familie – füreinander und miteinander*, Berlin: Cornelsen Verlag 2007, S.4.
[10] Vgl. Baar, Robert/Maier, Maja: „Was ist Familie?, in: *Grundschulzeitschrift*, Heft 26 / 2012, S. 46-51, hier S. 49.
[11] Ebd.
[12] Vgl. ebd., S. 46.
[13] Ebd.
[14] Ebd., S.49.
[15] Ebd.
[16] Jauer, Kerstin: *Familie – füreinander und miteinander*, a.a.O., S.4.

2.4 Fachdidaktische und methodische Begründung

Die Unterrichtsbesuchsstunde thematisiert den grundlegenden Gedanken des Bereiches 'Mensch und Gemeinschaft' des Lehrplanes: „ Die Schülerinnen und Schüler entwickeln eine positive Haltung zu sich selbst, nehmen eigene Interessen und Bedürfnisse sowie die Bedürfnisse andere wahr und setzen sich mit ihnen bewusst auseinandersetzten."[17] Auch im Perspektivrahmen Sachunterricht wird formuliert: „Alle Menschen haben gemeinsame und auch unterschiedliche [..] Interessen, Lebensstile und Deutungsmuster."[18] Um mit diesen „Unterschieden konstruktiv lernend und verantwortlich umzugehen, ist eine Herausforderung zur Orientierung im Umgang mit sich selbst und im Verhältnis zu anderen Menschen"[19] notwendig. Gerade in den ersten Wochen der Schuleingangsphase ist das zentrale soziale Thema das Kennenlernen von neuen Mitschülern.[20] Die Schülerinnen und Schüler müssen sich neu orientieren, anstatt in die vertraute Gruppe aus Freunden im Kindergarten zu gehen, stoßen sie auf eine teilweise noch fremde bzw. ungewohnte Klassengemeinschaft. Diese Erlebnisse sind für die Kinder von besonders hoher Brisanz, wie unter anderem die von Petillon durchgeführten Studien zur sozialen Welt von Schulneulingen belegen.[21] Voraussetzung für einen friedlichen und verträglichen Umgang miteinander „ist eine achtsame und wertschätzende Haltung sich selbst und anderen gegenüber"[22]. Die Gestaltung eines Ich-Buches soll ebendiese wertschätzende Haltung anbahnen, denn die Auseinandersetzung damit „regt zur Selbstreflexion und zur bewussten Selbstwahrnehmung an und soll den Kindern vermitteln, dass neben ihren schulischen Erfolgen auch viele andere Aspekte ihrer Persönlichkeit wichtig sind und Anerkennung erfahren."[23]

Die methodische Umsetzung des Ich-Buches wird in Form einer Lerntheke umgesetzt. Die Lerntheke ist eine offene Unterrichtsform, bei der die Schülerinnen und Schüler in ihrem eigenverantwortlichen Arbeiten gefördert werden.[24] Die Kinder können die Aufgaben ohne feste Reihenfolge nach eigenen Vorlieben auswählen und diese auf verschiedenen Schwierigkeitsstufen und in unterschiedlichen Lerntempi bewältigen. Die Lerntheke besteht aus sieben verschiedenen Aufgaben mit denen die Schülerinnen und Schüler ihr Ich-Buch nach und nach komplementieren:

- Mein Lieblingstier
- Das esse ich gerne

---

[17] Ministerium für Schule und Weiterbildung: *Richtlinien und Lehrpläne* , a.a.O., S.47.
[18] Gesellschaft für Didaktik des Sachunterrichts: *Perspektivrahmen Sachunterricht*, Bad Heilbrunn: Julius Klinkhardt Verlag 2002, S. 6.
[19] Ebd.
[20] Vgl. Gläser, Eva: „Sachunterricht in Klasse 1", a.a.O., S. 110.
[21] Vgl. ebd.
[22] Ministerium für Schule und Weiterbildung: *Richtlinien und Lehrpläne* , a.a.O., S.42.
[23] Stelzer, Nadine: „Das Ich-Buch – Erste Schritte zum biografischen Arbeiten", a.a.O.
[24] Vgl. Berg, Andreas: *Lernen in heterogenen Gruppen*, Frankfurt am Main: Peter Lang 2010, S.72.

- Wenn ich groß bin
- Das mache ich gerne
- Das trage ich gerne
- Meine Familie
- So groß bin ich

Die einzelnen Aufgaben wurden im Vorfeld an den Interessen und Wünschen der Kinder ausgerichtet. In der Arbeitsphase können die Schülerinnen und Schüler frei an allen Aufgaben der Lerntheke arbeiten. In der anschließenden Reflexion stellen die Kinder sich gegenseitig ihre Ich-Bücher mithilfe eines 'Kennenlerntanzes (Stopptanzes)' vor. Dafür laufen die Kinder während die Musik läuft durch den Klassenraum und sobald die Musik stoppt, bleiben sie bei einem oder mehreren Kindern, die sich in ihrer Nähe befinden, stehen und stellen sich mit ihren Ich-Büchern vor. Diese Methode bietet mehrere Vorteile: zum Einen gibt sie allen Schülerinnen und Schülern die Chance, ihre Arbeitsprodukte zu präsentieren und eine unmittelbare Wertschätzung zu erhalten und zum Anderen fördert sie die Kommunikation und den Austausch unter den Kindern, was die Grundlage für das Ziel des Kennenlernens darstellt. Danach treffen sich die Kinder erneut im Plenum, um zu berichten, was sie über einen Mitschüler erfahren haben.

3 Bezug zur Lerngruppe

3.1 Fachbezogene Lernvoraussetzungen und Differenzierung

Die Klasse 1c setzt sich insgesamt aus 22 Kindern, 11 Mädchen und 11 Jungen zusammen. In der Klasse weisen 19 Kinder einen Migrationshintergrund auf. Zwei rumänische Schülerinnen verfügten zum Schulbeginn über keinen deutschen Wortschatz und wurden vorerst in die 'Auffangklassen' zurückversetzt, werden aber sobald sie ihre sprachlichen Defizite aufgearbeitet haben wieder in die Klasse 1c eingegliedert. Viele weitere Kinder verfügen ebenfalls über einen sehr geringen deutschen Wortschatz, woraus sich mitunter Probleme beim Aufgabenverständnis und Einschränkungen in der Verbalisierungskompetenz ergeben.

Nur wenige Kinder kennen sich bereits aus dem Kindergarten, grundsätzlich stehen sich die Schülerinnen und Schüler jedoch sehr offen gegenüber und haben keine Berührungsängste. Die Schülerinnen und Schüler lassen sich insgesamt als neugierig, aufgeweckt und größtenteils motiviert beschreiben. Trotz einiger verhaltensauffälliger Schüler ist das Klassenklima überwiegend positiv, sodass zwar teilweise eine noch eher unruhige und stürmische aber dennoch angstfreie Lernatmosphäre herrscht. Grundsätzlich üben sich die Kinder noch in der Einhaltung von Klassenregeln, sie reagieren jedoch zunehmend, wenn man sie auf diese hinweist. Die Methode der Lerntheke wurde bereits zuvor zum Thema 'Igel' in der Klasse eingeführt – Die selbstständige und eigenverantwortliche Auseinandersetzung mit Arbeitsaufträgen fällt vielen Schülerinnen und Schülern jedoch noch schwer.

Aufgrund der höchst individuellen Ausgangslage der Kinder, werden verschiedene Maßnahmen der Differenzierung bereitgestellt. Die Arbeit an der Lerntheke erlaubt den Kindern in ihrem individuellen Arbeitstempo und in einer frei wählbaren Reihenfolge vorzugehen. Die Aufgaben der Lerntheke sind so offen, dass sie eine natürliche Differenzierung bieten und auf verschiedenen Leistungsniveaus bearbeitet werden können. Bei der Gestaltung können die Schülerinnen und Schüler je nach gewählter Aufgabe selbst entscheiden, ob sie lieber malen, zeichnen, ausschneiden/kleben oder kneten wollen. Um Misserfolge und Frustrationserlebnisse in der selbständigen Auseinandersetzung mit der Lernaufgabe zu vermeiden werden an den einzelnen Aufgaben Anleitungen bereitgelegt, an denen sich die Kinder in ihrem Arbeitsvorgehen orientieren können. Die mögliche Kooperation mit einem Lernpartner kann zusätzliche Hilfestellung bieten, wenn sich die Kinder gegenseitig helfen.

3.2 Erwartete Lernergebnisse

Die Minimalanforderung der Unterrichtsbesuchsstunde besteht darin, dass die Schülerinnen und Schüler sich mit einer Aufgabe der Lerntheke unter Zuhilfenahme der jeweiligen Anleitung auseinandersetzen und ihre Arbeitsergebnisse in ihrem Ich-Buch sammeln.

Die Maximalanforderung der Unterrichtsbesuchsstunde besteht darin, dass die Schülerinnen und Schüler sich mit den Aufgaben der Lerntheke auseinandersetzten, sich dabei über ihre eigenen Interessen, Bedürfnisse und Gefühle bewusst werden und die Arbeitsergebnisse in ihrem Ich-Buch sammeln. In der anschließenden Reflexion können sie die eigenen Interessen, Bedürfnisse und Gefühle mithilfe ihres Ich-Buches vorstellen und daneben auch die Interessen ihrer Mitschüler wahrnehmen. Darüber hinaus verallgemeinern sie ihre vorigen Erkenntnisse, indem sie erkennen, dass es Unterschiede und Gemeinsamkeiten bei den Interessen, Bedürfnissen und Gefühlen der Kinder gibt.

Anforderungsbereiche	Bildungsstandards	Konkretisierung in der Stunde
AB I: Reproduzieren	Grundwissen anwenden, bekannte Informationen wiedergeben, Routinen ausführen	Die Schülerinnen und Schüler gestalten eine Seite ihres Ich-Buches und nutzen dazu ggf. ausliegende Hilfen
AB II: Zusammenhänge herstellen	Erworbenes Wissen und bekannte Methoden miteinander verknüpfen, Zusammenhänge erkennen und nutzen	Die Schülerinnen und Schüler werden sich über ihre eigenen Interessen, Bedürfnisse und Gefühle bewusst und stellen diese mithilfe des Ich-Buches vor. Dabei nehmen sie auch die Interessen, Bedürfnisse und Gefühle ihrer Mitschüler wahr.
AB III: Verallgemeinern und Reflektieren	Eigene Lösungsstrategien entwickeln, Interpretationen und Beurteilungen einbringen	Die Schülerinnen und Schüler erkennen, dass es Unterschiede und Gemeinsamkeiten bei den Interessen, Bedürfnissen und Gefühlen der Kinder gibt.

3.3 Fachbezogene Ziele der Unterrichtsstunde

a) Schwerpunktziel

Die Schülerinnen und Schüler nehmen eigene Bedürfnisse, Gefühle und Interessen wahr, indem sich mit den verschiedenen Aufgabe der Lerntheke auseinandersetzten, ihre Arbeitsergebnisse in ihrem Ich-Buch sammeln und dieses anschließend ihren Mitschülern vorstellen, um sich untereinander besser kennenzulernen.

b) Einzelziele

Die Schülerinnen und Schüler

EZ 1: ... bauen erste gedankliche Arbeitsstrukturierungen auf, indem sie sich über die mögliche Weiterarbeit an den Aufgaben der Lerntheke austauschen.

EZ 2: ...gewinnen zunehmend an Selbstständigkeit, indem sie ihren Arbeitsprozess selbst organisieren und strukturieren.

EZ 3: ... entwickeln ein Bewusstsein über die eigenen Bedürfnisse, Gefühle und Interessen, indem sie sich mit den Aufgaben der Lerntheke auseinandersetzen und die Arbeitsergebnisse in ihrem Ich-Buch sammeln.

EZ 4: ... erweitern ihre Kommunikationsfähigkeit, indem sie anderen Kindern ihre Ich-Bücher vorstellen.

EZ 5: ... lernen sich untereinander besser kennen, indem sie sich gegenseitig ihre Ich-Bücher vorstellen und Bedürfnisse, Gefühle und Interessen ihrer Mitschülerinnen und Mitschüler wahrnehmen.

EZ 6: ... erkennen Unterschiede und Gemeinsamkeiten in den eigenen Bedürfnissen, Gefühlen und Interessen und die der anderen, indem sie diese miteinander vergleichen.

c)

Arbeitsauftrag: Arbeite weiter an deinem Ich-Buch. Du kannst malen, zeichnen oder basteln. Zeige danach anderen Kindern dein Ich-Buch und erzähle von dir.

[Forscherauftrag:]

Was hast du über ein anderes Kind in deiner Klasse erfahren?

4   Verlaufsplanung der Unterrichtsstunde

Zeit/ Handlungsmuster	Handlungsschritte	Materialien	Sozialform
Einführung ca.12 Minuten	- SuS und LAA begrüßen den Besuch. - gemeinsames Singen des Liedes zur musikalischen Einstimmung auf das Thema („Das Buch über mich") - LAA und SuS erläutern die Reihen- und Stundentransparenz - LAA gibt Zieltransparenz - LAA erklärt den Arbeitsauftrag - SuS und LAA tauschen sich kurz über die mögliche Weiterarbeit aus - LAA gibt Zeittransparenz	 - Lied - Reihen- und Stundentransparenz - Arbeitsauftrag	- Plenum im Sitzkreis
EZ 1, EZ 2			
Erarbeitung ca.20 Minuten	- SuS gestalten selbstständig ein oder mehrere Seiten ihres Ich-Buches - LAA bewegt sich in der Klasse und gibt ggf. Hilfestellung - LAA kündigt das Ende der Arbeitsphase an - SuS räumen die Materialien auf -LAA gibt akustisches Signal zur Beendigung der Arbeitsphase	- Ich-Bücher -Lerntheken-Material (Auftragskarten, Arbeitsblätter, Anleitungen, Piktogramm-Karten, Buntstifte, Bleistifte, Wachsmaler, Scheren, Kleber, Knete und Bilder für die Collagen) -Triangel	- EA
EZ 2, EZ 3			
Reflexion ca. 13 Minuten	- SuS begeben sich nach akustischem Signal mit ihren Ich-Büchern in den Sitzkreis - SuS wiederholen die Regeln für die 'Kennenlerntanz' - LAA stellt den Forscherauftrag - SuS bewegen sich während der Musik durch den Raum - SuS stellen sich gegenseitig ihre Ich-Bücher vor - der Vorgang wird wiederholt - die SuS kommen auf ein Signal wieder in den Sitzkreis - einige SuS berichten, was sie neues von ihren Mitschülern erfahren haben - LAA gibt kurzen Ausblick für die nächste Sachunterrichtsstunde	 -Ich-Bücher - Triangel - Forscherauftrag	- Plenum im Sitzkreis - PA oder GA - Plenum im Sitzkreis
EZ 4, EZ 5, EZ 6			

5 Literatur

Primärliteratur

Ministerium für Schule und Weiterbildung: *Richtlinien und Lehrpläne für die Grundschule in Nordrhein Westfalen,* Düsseldorf: Ritterbach Verlag 2012, gefunden unter: <http://www.standardsicherung.schulministerium.nrw.de/lehrplaene/upload/klp_gs/LP_GS_2 008.pdf> (28.09.2013).

Gesellschaft für Didaktik des Sachunterrichts: *Perspektivrahmen Sachunterricht,* Bad Heilbrunn: Julius Klinkhardt Verlag 2002.

Sekundärliteratur:

Baar, Robert/Maier, Maja: „Was ist Familie?, in: *Grundschulzeitschrift,* Heft 26 / 2012, S. 46-51.

Berg, Andreas: *Lernen in heterogenen Gruppen,* Frankfurt am Main: Peter Lang 2010.

Gläser, Eva: „Sachunterricht in Klasse 1", in: Kiper, Hanna/Nauck, Joachim: *Unterrichten im ersten Schuljahr, Hohengehren*: Schneider Verlag 1999, S. 96-115.

Götzen, Lisa: *Ich bin jetzt ein Schulkind,* Essen: 2012.

Herdegen, Peter: *Soziales Lernen in der Grundschule,* Donauwörth: Auer Verlag 1999

Jauer, Kerstin: *Familie – füreinander und miteinander,* Berlin: Cornelsen Verlag 2007.

Kaiser, Astrid: *Einführung in die Didaktik des Sachunterrichts,* Hohengehren: Schneider Verlag 2010.

Otten, Gianna: *Mein Ich-Buch.* Ein Unterrichtsentwurf zum zweiten Unterrichtsbesuch, Dortmund 2013.

Wittasek, Edith/Meltzer, Angelika: *Ganzheitlicher Sachunterricht im 1. Schuljahr,* München: Oldenburg 2006.

Internetquellen

Stelzer, Nadine: „Neue Unterrichtsidee für die Grundschule. Das Ich-Buch – Erste Schritte zum biografischen Arbeiten", gefunden unter: <http://bildungsklick.de/pm/83778/neue-unterrichtsidee-fuer-die-grundschule-das-ich-buch-erste-schritte-zum-biografischen-arbeiten/> (03.10.2013).

6 Anhang

6.1 Übersicht über die Stationen

Aufgabe	Inhalt / Mögliche Kompetenzerwartungen (Bezug zum LP)[25]	Material
Das trage ich gerne	Die SuS basteln eine Collage *oder* malen/schreiben/zeichnen von dem/das, was sie gerne tragen. ⇨Die SuS formulieren eigene Bedürfnisse, Gefühle und Interessen (LP S.47); Die SuS formulieren eigene Konsumbedürfnisse (LP S.48)	Material: Buntstift, Wachsmalstift, Bleistifte, Kleber, Schere, Bilder aus Zeitschriften
Das mache ich gerne	Die SuS malen *oder* schreiben/zeichnen Hobbys/Freizeitbeschäftigungen, die sie besonders gerne machen. ⇨Die SuS formulieren eigene Bedürfnisse, Gefühle und Interessen (LP S.47)	Material: Buntstift, Wachsmalstift, Bleistifte
Wenn ich groß bin...	Die SuS malen *oder* schreiben/zeichnen ihre (Berufs-)Wünsche für die Zukunft. ⇨Die SuS formulieren eigene Bedürfnisse, Gefühle und Interessen (LP S.47)	Buntstift, Wachsmalstift, Bleistifte
Das esse ich gerne	Die SuS basteln eine Collage *oder* malen/schreiben/zeichnen von dem/das, was sie gerne essen. In der Refelxion tauschen sich die SuS über die 'Lieblingsspeisen' aus. ⇨Die SuS formulieren eigene Bedürfnisse, Gefühle und Interessen (LP S.47); Die SuS vergleichen Gewohnheiten von Menschen (LP S.49); Die SuS formulieren eigene Konsumbedürfnisse (LP S.48)	Buntstift, Wachsmalstift, Bleistifte, Kleber, Schere, Bilder aus Zeitschriften
Meine Familie	Die SuS malen *oder* schreiben/zeichnen ihre Familie. In der Refelxion tauschen sich die SuS evtl. über verschiedene Familienkonstellationen aus. ⇨Die SuS formulieren eigene Bedürfnisse, Gefühle und Interessen (LP S.47); Die SuS vergleichen Gewohnheiten von Menschen (LP S.49)	Buntstift, Wachsmalstift, Bleistifte
Mein Lieblingstier	Die SuS kneten *oder* malen/schreiben/zeichnen ihr Lieblingstier. ⇨Die SuS formulieren eigene Bedürfnisse, Gefühle und	Buntstift, Wachsmalstift, Bleistifte, Knete

---

[25] Ministerium für Schule und Weiterbildung: *Richtlinien und Lehrpläne für die Grundschule in Nordrhein Westfalen,* Düsseldorf: Ritterbach Verlag 2012, gefunden unter: <http://www.standardsicherung.schulministerium.nrw.de/lehrplaene/upload/klp_gs/LP_GS_2008.pdf> (05.010.2013).

	Interessen (LP. S.47)	
So groß bin ich	Die SuS messen ihre Größe an einer Messlatte und tragen ihren Namen an dieser ein. Anschließend wird die Größe mithilfe eines Fadens 'gemessen'. ⇨ Die SuS lernen ihren Körper kennen (S.48)	Messlatte, Folienstift, Wollknäuel

6.2 Lied

Das Buch über mich

Es gibt Bücher über Hunde wau,wau,wau

Und auch Bücher über Katzen miau,miau,miau

Bridge:

Nur das eine Buch, das gibt's noch nicht

Und das ist das Buch über mich

Refrain:

Ich hab Hände, sogar zwei

Und auch Haare mehr als drei

Ich hab einen runden Bauch

Und ne Nase hab ich auch

Ich hab links und rechts ein Bein

Und ein Herz auch nicht aus Stein

Und jetzt winke ich dir zu

Hallo du, du,du

Lalalalalalalalalalala….

6.3 Selbstreflexion

Das habe ich gelernt!	☺ ☺ ☹
Ich weiß, wie ich aussehe:	
Ich weiß, was ich gerne mag:	
Ich kenne die Kinder meiner Klasse:	
Ich kann selbstständig arbeiten:	
Ich kenne meine Stärken:	